Inhalt

Immobilienfonds - Der Fall Grundbesitz-Invest und seine Folgen

Kernthesen

Beitrag

Fallbeispiele

Weiterführende Literatur

Impressum

Immobilienfonds - Der Fall Grundbesitz-Invest und seine Folgen

T. Trares

Kernthesen

- Im Dezember 2005 ist es in der Geschichte der deutschen Immobilienfonds zu einem bislang einmaligen Vorfall gekommen. Mit dem Grundbesitz-Invest der Deutschen-Bank-Immobiliengesellschaft DB Real Estate wurde erstmals ein offener Immobilienfonds geschlossen.
- Die Sparkassen haben die Gunst der Stunde genutzt und massiv Kunden der Deutschen Bank abgeworben. Die Initialzündung kam dabei von der Sparkasse Karlsruhe, die als erste den mutmaßlich Geschädigten anbot,

ihre Fondsanteile abzukaufen.
- Möglicherweise steht auch eine Reform des Investmentgesetzes bevor. Der Branchenverband BVI hat einen entsprechenden Vorstoß unternommen; die Bundesregierung will im Sommer eine Gesetzesnovelle vorlegen.

Beitrag

Die Deutsche Bank hat mit der Schließung des Immobilienfonds Grundbesitz-Invest für Furore in der Investmentbranche gesorgt. Dabei wurden auch Verschwörungstheorien laut, wonach das Geldinstitut die Schließung vorsätzlich herbeigeführt hat, um die Immobilien anderweitig lukrativer verkaufen zu können.

Der Sachverhalt:

Die Deutsche Bank hat im Dezember zum ersten Mal in der Geschichte der Immobilienfonds einen offenen Fonds geschlossen. Damit wurden Kundengelder von gut sechs Milliarden EUR eingefroren. Das Kreditinstitut begründete den Schritt mit der schlechten Lage am deutschen Büromarkt. Das ganze Portfolio müsse neu bewertet werden, hieß es. In

Branchenkreisen war man daraufhin von einer Abwertung der in dem Fonds enthaltenen Assets von zehn Prozent oder mehr ausgegangen. Der Grundbesitz-Invest hat vor allem in deutsche Gewerbe-Immobilien investiert. (5)

Verschwörungstheorien erhalten neue Nahrung

Aus Kreisen der mit der Neubewertung betrauten Sachverständigen hieß es Ende Januar, der Grundbesitz-Invest müsse um etwa 200 Millionen EUR abgewertet werden. Dies entspräche einer Wertberichtigung von drei bis fünf Prozent. Die vergleichsweise moderate Abwertung wirft im Markt die Frage auf, weshalb die Deutsche Bank den entstandenen Imageschaden in Kauf nahm. Damit erhielten auch "Verschwörungstheorien" neue Nahrung, die davon ausgehen, dass die Deutsche Bank den Niedergang des Fonds ganz gezielt betrieben hat. Hintergrund ist die Annahme, die Fondsimmobilien könnten anderweitig lukrativer vermarktet werden. Zudem reißen die Beschwerden über eine ungleiche Behandlung von Verkaufsaufträgen nicht ab. Gute Kunden, oft mit höheren Beträgen in dem Fonds investiert, seien von Kundenberatern vor einer drohenden Abwertung der

Fondsimmobilien gewarnt worden und hätten so die Anteile vor der Schließung zurückgeben können. (1), (2), (4), (15)

Sparkassen werben gezielt Kunden ab

Die Sparkassen haben die Gelegenheit genutzt und gezielt um enttäuschte Anleger geworben. Zuerst hat die Sparkasse Karlsruhe den betroffenen Fondseigentümern ein Angebot unterbreitet. Kurz darauf hat die Sparkasse Köln-Bonn, Deutschlands zweitgrößte Sparkasse, mitgeteilt, sie werde Deutsche-Bank-Kunden ihre Anteile zu einem Abschlag von zehn Prozent abkaufen, sofern diese ihr Depot an die Sparkasse übertragen. Mit der Berliner Sparkasse und der Sparkasse Hannover haben zwei weitere Schwergewichte der Organisation nachgezogen. Der Deutsche Sparkassen- und Giroverband (DSGV) findet die Abwerbeaktionen "geschäftspolitisch gut nachvollziehbar", sprach aber keine Empfehlung für diese Vorgehensweise aus. (16), (17), (19)

Neue Regeln für die Branche gefordert

Der Bundesverband Investment und Asset Management (BVI) hat eine Reform des Investmentgesetzes vorgeschlagen. Großanleger sollen künftig eine einjährige Kündigungsfrist einhalten, wenn sie mehr als eine Million EUR in einen Immobilien-Publikumsfonds investiert haben. Dadurch wollen die Fondsanbieter Gewinnmitnahmen durch institutionelle Anleger wie Banken und Dachfonds verhindern, die zu Lasten der Kleinsparer gehen. Darüber hinaus sollen Sachverständige, die den Wert der Immobilien feststellen, künftig nicht mehr durch Fondsgesellschaften, sondern durch die Finanzaufsicht BaFin zugeteilt werden. Die große Koalition will bis zum Sommer einen Entwurf für eine Novelle des Investmentgesetzes vorlegen. (9), (14)

Deutsche Bank will Anleger entschädigen

Die Deutsche Bank will alle Anleger entschädigen, sofern sie nach der laufenden Neubewertung

Wertverluste zu verzeichnen haben. Wenn der Anteilswert nach der Wiedereröffnung des Fonds geringer ist als der Einstandskurs inklusive Ausgabeaufschlag und abzüglich erfolgter Ausschüttungen, werde die Differenz erstattet, sagte der Vorstandsvorsitzende der Bank Josef Ackermann auf der Jahrespressekonferenz Anfang Februar. Anleger, die ihre Fondsanteile bereits einer Sparkasse übertragen haben, erhalten nichts. Die Bank will den Fonds nach der Wiedereröffnung stützen. Die Deutsche Bank hat dafür Reserven von 203 Millionen EUR zur Seite gelegt. Dieser Betrag reflektiere aber nicht die Höhe der erwarteten Wertberichtigung in dem Fonds. Diese werde von unabhängigen Sachverständigen noch geprüft. Das Ergebnis werde Mitte oder Ende Februar mitgeteilt. (18)

Fallbeispiele

Die Sparkasse Karlsruhe, deren Vorstand Michael Huber als erster die Idee hatte, Kunden der Deutschen Bank abzuwerben, berichtet von 260 Anfragen allein aus ihrem Einzugsgebiet. "Darüber hinaus wurden wir von Anlegern aus dem ganzen Bundesgebiet kontaktiert, die wir an die zuständigen

Institute weiterverwiesen haben", sagte Huber. Das Gesamtvolumen der Depots, die Anleger der Sparkasse Karlsruhe übertragen wollen, schätzt er konservativ "auf einen zweistelligen Millionenbetrag". Auffällig sei auch die hohe Zahl der Kunden, die den Fonds gar nicht besitzen, aber dennoch ihre Geschäftsbeziehung zur Deutschen Bank beenden möchten. Die Obergrenze für den Ankauf der Grundbesitz-Invest-Fondsanteile hat die Sparkasse auf Grund der hohen Nachfrage von fünf auf nun acht Millionen EUR ausgeweitet. Die Sparkasse Hannover bezifferte die Summe der Gelder, die mit ihrer Aktion für verärgerte Deutsche-Bank-Kunden in die Kassen gespült wurden, auf fünf Millionen EUR. (6), (16)

Ein Hamburger Rentner-Ehepaar hat gegen die Deutsche Bank geklagt. Das teilte die Anwaltskanzlei Tilp mit, die in der Angelegenheit rund 100 Mandanten vertritt. Die vorübergehende Aussetzung des An- und Verkaufs von Anteilen an dem Fonds "Grundbesitz Invest" sei rechtswidrig gewesen, hieß es zur Begründung. Die angekündigte Neubewertung der Immobilienbestände sei keine nach rechtlichen Grundlagen gültige Begründung. Das Rentnerpaar hatte Fondsanteile im Wert von 131 000 EUR verkaufen wollen, die Order war jedoch nicht mehr rechtzeitig vor der Schließung ausgeführt worden. Die Anwälte fordern die Zahlung des Betrages gegen

Rückgabe der Anteile. (3)

Die Krise hat die Diskussion um die beste Konstruktion des Produkts neu entfacht. Anlageberater übten sich in Selbstkritik. Der Grund für die aktuellen Probleme sei nicht ausschließlich bei den Fondsanbietern zu suchen, auch der Vertrieb müsse sich fragen, ob er die Kunden ausreichend über die Eigenarten der Fonds aufgeklärt hat, erklärte etwa der Vorstand des Maklerpools BCA, Ferdinand Haas. (20)

Die Krise des Grundbesitz-Invest hat auch die restliche Branche in Mitleidenschaft gezogen. Die US-Investmentgesellschaft KanAm hat nach massiven Mittelabflüssen zwei Immobilienfonds geschlossen. Während die Deutsche Bank ihren Schritt mit der Neubewertung der Immobilien begründete, sah KanAm die Schuld für die Schwierigkeiten bei einer Ratingagentur. Die Agentur hatte eine Verkaufsempfehlung ausgesprochen. Binnen 24 Stunden hätten Anleger Anteile im Wert von rund 700 Millionen EUR zurückgeben wollen, mehr als ein Fünftel des 3,2 Milliarden EUR schweren Fonds KanAm-Fonds Grundinvest. (10), (13)

Weiterführende Literatur

(1) Wieder Unruhe um den Grundbesitz-Invest
aus Frankfurter Allgemeine Zeitung, 02.02.2006, Nr. 28,
S. 23

(2) Deutsche Bank forciert Verkäufe Institut lockt
Investoren für Immobilien aus dem Krisenfonds
Grundbesitz-Invest mit billigen Krediten
aus Financial Times Deutschland vom 02.02.2006,
Seite 23

(3) Rentner klagen gegen Deutsche Bank wegen
Fonds-Schließung Abwertungsbedarf der Immobilien
im Grundbesitz Invest offenbar geringer als erwartet
aus DIE WELT, 02.02.2006, Nr. 28, S. 23

(4) Gutachter düpieren Deutsche Bank
Immobilienfonds Grundbesitz-Invest gesünder als
erwartet · Nur rund drei Prozent Abwertung nötig
aus Financial Times Deutschland vom 01.02.2006,
Seite 1

(5) Deutsche Bank redete Immo-Fonds schlecht
aus netzeitung.de vom 01.02.2006

(6) Sparkasse Hannover wirbt erfolgreich
Fondskunden ab
aus Handelsblatt Nr. 022 vom 31.01.06 Seite 23

(7) O.V., Anleger haben kaum Anspruch auf
Entschädigung, Spiegel Online, 26.01.2006
aus Handelsblatt Nr. 022 vom 31.01.06 Seite 23

(8) Anleger ziehen Geld ab

aus Handelsblatt Nr. 018 vom 25.01.06 Seite 24

(9) Immobilienfonds-Anleger ziehen 3 Mrd. Euro ab Weitere Verluste befürchtet · Branchenverband BVI legt Reformvorschläge für kriselnde Anlageklasse vor
aus Financial Times Deutschland vom 25.01.2006, Seite 1

(10) Flucht aus den Immobilienfonds // Bereits die dritte Schließung - Branche mahnt Anleger zur Ruhe
aus Der Tagesspiegel Nr. 19079 VOM 20.01.2006 SEITE 018

(11) Anleger der Deutschen Bank wollen klagen
aus Der Tagesspiegel Nr. 19081 VOM 22.01.2006 SEITE 023

(12) Immobilienfonds Großanleger trennen sich von Immobilienfonds Private Investoren behalten noch die Nerven - Branche erwägt Schließung aller Fonds
aus DIE WELT, 21.01.2006, Nr. 18, S. 19

(13) KanAm schließt zweiten Immobilienfonds
aus Hamburger Abendblatt, 20.01.2006, Nr. 17, S. 21

(14) Neue Regeln für Immobilien-Fonds
aus Handelsblatt Nr. 014 vom 19.01.06 Seite 1

(15) Neue Vorwürfe gegen Deutsche Bank
aus Handelsblatt Nr. 012 vom 17.01.06 Seite 28

(16) Höfling, Michael, Krise des "Grundbesitz-Invest" - Angebot der Sparkassen findet regen Zuspruch -

Deutsche Bank verliert verärgerte Kunden, Welt am Sonntag, 15.01.2006, Nr. 3, S. 33
aus Handelsblatt Nr. 012 vom 17.01.06 Seite 28

(17) Sparkassen wollen Anteile an Grundinvest Köln-Bonn und Berlin umgarnen Fondskunden
aus Financial Times Deutschland vom 11.01.2006, Seite 20

(18) 200 Mill. Euro Vorsorge für "Grundbesitz-Invest" Bank stützt Immobilienfonds und entschädigt Kunden
aus Börsen-Zeitung, 03.02.2006, Nummer 24, Seite 5

(19) Aggressive Akquise
aus Frankfurter Allgemeine Sonntagszeitung, 08.01.2006, Nr. 1, S. 45

(20) Krisenfonds sorgt für Ärger Diskussion um verbesserte Konstruktion offener Immobilienfonds neu entfacht
aus Börsen-Zeitung, 29.12.2005, Nummer 251, Seite 2

Impressum

Immobilienfonds - Der Fall Grundbesitz-Invest und seine Folgen

Bibliografische Information der deutschen Nationalbibliothek

Die Deutsche Nationalbibliothek verzeichnet diese Publikation in der deutschen Nationalbibliografie; detaillierte bibliografische Daten sind im Internet über http://dnb.d-nb.de abrufbar.

ISBN: 978-3-7379-0568-8

© 2015 GBI-Genios Deutsche Wirtschaftsdatenbank GmbH, Freischützstraße 96, 81927 München, www.genios.de

Alle Rechte vorbehalten. Dieses Werk ist einschließlich aller seiner Teile – z.B. Texte, Tabellen und Grafiken - urheberrechtlich geschützt. Jede Verwertung außerhalb der Grenzen des Urheberrechtsgesetzes bedarf der vorherigen Zustimmung des Verlags. Dies gilt insbesondere auch für auszugsweise Nachdrucke, fotomechanische

Vervielfältigungen (Fotokopie/Mikroskopie), Übersetzungen, Auswertungen durch Datenbanken oder ähnliche Einrichtungen und die Einspeicherung und Verarbeitung in elektronischen Systemen.